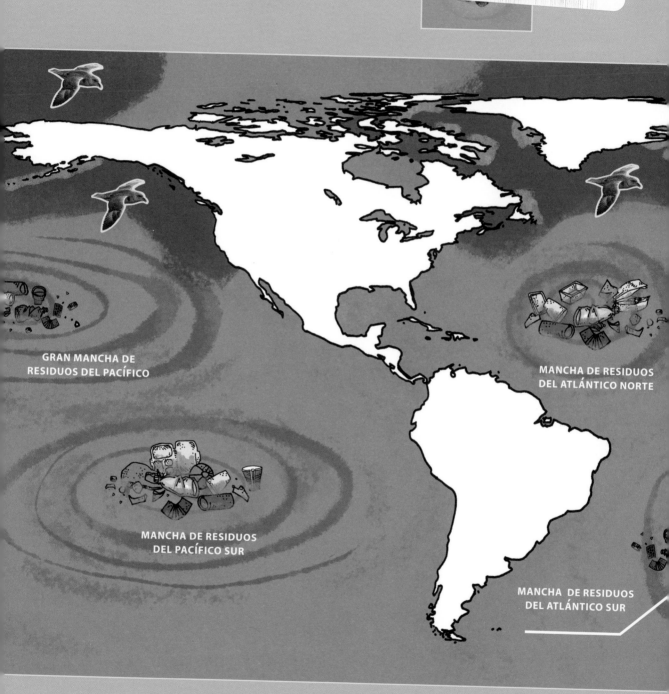

GRAN MANCHA DE
RESIDUOS DEL PACÍFICO

MANCHA DE RESIDUOS
DEL ATLÁNTICO NORTE

MANCHA DE RESIDUOS
DEL PACÍFICO SUR

MANCHA DE RESIDUOS
DEL ATLÁNTICO SUR

Kirsti Blom y Geir Wing Gabrielsen

UN MAR DE PLÁSTICOS

TakaTuka

El fulmar boreal

Un fulmar boreal surca los vientos, volando con elegancia a un par de centímetros de las olas. Es un ave marina capaz de de soportar los vendavales y el frío de las costas del Atlántico Norte. Aquí lo podemos observar buscando alimento en la superficie del mar. De vez en cuando, bate sus alas rígidas muy deprisa, gastando solo la energía imprescindible.

De repente, divisa algo amarillo que brilla en el oscuro espejo del agua. ¿Tal vez sea un crustáceo o una pequeña medusa? Lo atrapa con su poderoso pico y lo engulle deprisa, mientras busca otros animalillos y huevos de pescado con los que llenarse la barriga. No sabe bucear, así que siempre encuentra su alimento en la superficie del agua.

Tiene buen olfato y enseguida descubre el aroma de los restos de pescado de un barco cercano. Las sobras de comida de las cocinas de los barcos se tiran al mar. Pero no dispone de mucho tiempo para disfrutar a solas de esas delicias. Al poco rato, montones de fulmares boreales hambrientos sobrevuelan la estela de tripas de pescado que el barco deja a su paso.

El fulmar boreal come de todo, no es muy exigente con la alimentación. Se traga cualquier cosa de pequeño tamaño que encuentre flotando en el mar. Esta vez la captura es colorida: hay fragmentos verdes y amarillos que engulle sin pensárselo dos veces. Pero no sabe que lo que acaba de tragarse no es comida de verdad, sino trocitos de plástico.

Los fulmares boreales viven la vida más despacio que otras aves marinas. En mar abierto son rápidos y ágiles, pero tierra adentro son pájaros torpes que apenas pueden caminar. Por eso suelen poner su nido en acantilados junto al mar, desde los que se pueden lanzar al vacío.

Las hembras ponen su primer huevo a los diez años de edad, mientras que otros pájaros marinos empiezan a los cuatro o cinco años. Su periodo de incubación dura el doble que el de las gaviotas, pero viven, como mínimo, dos veces más. Un fulmar boreal espabilado y con suerte puede llegar a vivir más de sesenta años.

En época de tormentas invernales, los fulmares boreales pueden pasarse dos semanas sin comer, esperando sobre un repecho a que amainen. Para sobrevivir se alimentan de una reserva interna de aceite, fabricada por ellos mismos a base de pececillos, crustáceos y calamares.

Los padres regurgitan este aceite en el pico de las crías. Este alimento rico en nutrientes hace que las crías de fulmar boreal engorden hasta hacerse más grandes que los padres. Pero, a veces, esta comida contiene diminutos fragmentos de plástico, de manera que las pequeñas bolitas de plumas empiezan a ingerir estos residuos desde el principio de su vida.

Cuando la cría se queda sola en el nido, sabe cómo protegerse de animales peligrosos. Le escupe el aceite apestoso a todo depredador que se le acerque para mantenerlo a distancia. Además del mal olor, este aceite puede hacer que las plumas dejen de ser impermeables, lo que podría provocar que el ave rapaz muera de de hambre o de frío.

Hace más de sesenta años que nuestro fulmar boreal salió del huevo en un acantilado de Svalbard, un archipiélago del océano Ártico. Junto a su pareja ha criado a más de veinte polluelos. Los huevos del fulmar son blancos y la hembra solo pone uno cada vez en el mismo nido. Pasaban siempre los inviernos separados. Ella volaba hasta los hielos flotantes del polo Norte, y él volaba dirección sur, hacia Groenlandia, pasando por Islandia. En primavera volvían a encontrarse.

El verano pasado les costó mucho reunir comida suficiente para la cría. La pareja del fulmar no tenía fuerzas para volar muy lejos en busca de alimento. ¿Estaba enferma o es que era ya demasiado vieja para criar? Esta primavera no ha vuelto con él, como solía, y ahora está solo. Pero lo que no imagina es que murió debido a que su estómago estaba lleno de pedacitos de plástico. Eso solo lo saben los científicos que la encontraron y la examinaron.

¿LO SABÍAS?

CERCA DEL 10% DE TODO EL PLÁSTICO QUE SE FABRICA EN EL MUNDO ACABA EN EL MAR.

Los investigadores utilizan los fulmares boreales como indicadores de la cantidad de plástico que hay en los océanos. Estudian los ejemplares muertos de esta especie que encuentran en las playas. De esta manera, los fulmares muertos se convierten en un aviso para los científicos y para nosotros: cuantos más hay, mayor es la cantidad de plástico en las aguas marinas.

Ahora, cuando el fulmar boreal busca alimento, sus capturas suelen ser mucho más coloridas de lo que eran cuando vino al mundo, en los años cincuenta del siglo XX. Fue por aquellos días que los seres humanos empezamos a fabricar plástico a gran escala a partir del petróleo. Y fue entonces cuando se hicieron las primeras piezas de Lego, y diez años después llegarían las muñecas Barbie.

Restos de plástico en el estómago de un fulmar boreal muerto.

El papel, las pieles de naranja y los corazones de manzana que se tiran desde embarcaciones o acaban en el mar por otra vía se descomponen rápidamente. El plástico tarda mucho más y nunca desaparece del todo.

Además, el plástico necesita mucha luz y calor para deshacerse, y en el fondo del mar frío y oscuro este proceso es muy lento.

Una bolsa de plástico necesita entre diez y veinte años para descomponerse; cincuenta años tarda una boya de espuma en deshacerse; un pañal desechable y una botella de plástico necesitan cuatrocientos cincuenta años y un sedal de pesca desaparece pasados seiscientos años.

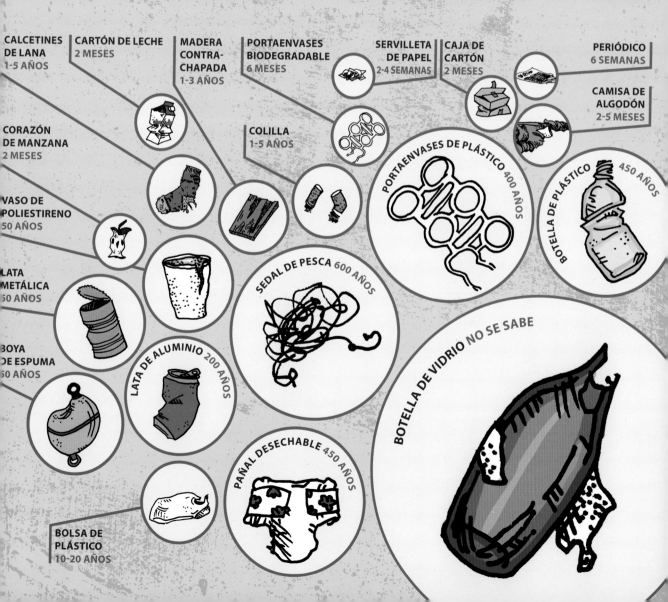

DESCOMPOSICIÓN DE RESIDUOS EN EL MAR

CALCETINES DE LANA
1-5 AÑOS

CARTÓN DE LECHE
2 MESES

MADERA CONTRA-CHAPADA
1-3 AÑOS

PORTAENVASES BIODEGRADABLE
6 MESES

SERVILLETA DE PAPEL
2-4 SEMANAS

CAJA DE CARTÓN
2 MESES

PERIÓDICO
6 SEMANAS

CAMISA DE ALGODÓN
2-5 MESES

CORAZÓN DE MANZANA
2 MESES

COLILLA
1-5 AÑOS

PORTAENVASES DE PLÁSTICO 400 AÑOS

BOTELLA DE PLÁSTICO 450 AÑOS

VASO DE POLIESTIRENO
50 AÑOS

SEDAL DE PESCA 600 AÑOS

LATA METÁLICA
50 AÑOS

BOYA DE ESPUMA
50 AÑOS

LATA DE ALUMINIO 200 AÑOS

BOTELLA DE VIDRIO NO SE SABE

PAÑAL DESECHABLE 450 AÑOS

BOLSA DE PLÁSTICO
10-20 AÑOS

Las redes de pesca y las lonas que el mar arrastra hasta la costa y que miden más de un metro reciben el nombre de «megaplásticos»; si miden entre cinco milímetros y un metro se denominan «macroplásticos». Los microplásticos miden menos de cinco milímetros y los nanoplásticos son fragmentos tan minúsculos que solo pueden verse con un microscopio.

Han pasado solo unas décadas desde la invención del plástico, y la mayor parte aún no ha tenido tiempo de transformarse en microplásticos. Y aunque los plásticos se descompongan hasta convertirse en fragmentos minúsculos casi imperceptibles para el ojo humano, no desaparecen, sino que se hacen todavía más pequeños, convirtiéndose en nanoplásticos.

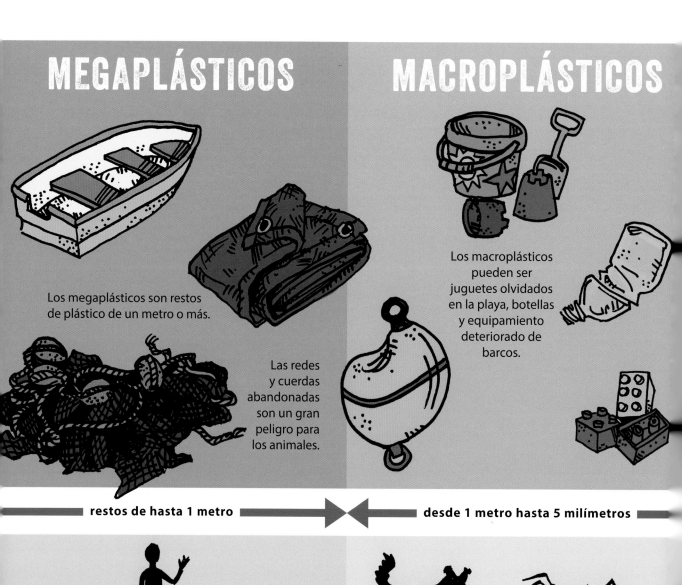

MEGAPLÁSTICOS

MACROPLÁSTICOS

Los megaplásticos son restos de plástico de un metro o más.

Las redes y cuerdas abandonadas son un gran peligro para los animales.

Los macroplásticos pueden ser juguetes olvidados en la playa, botellas y equipamiento deteriorado de barcos.

restos de hasta 1 metro

desde 1 metro hasta 5 milímetros

Tú

perro

hormi

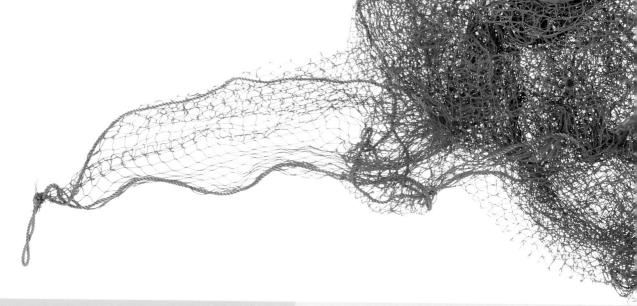

MICROPLÁSTICOS

Cada año, los neumáticos generan 2250 toneladas de microplásticos que acaban en el mar.

Durante mucho tiempo se han utilizado microplásticos para elaborar cosméticos.

Los microplásticos de la pintura también van a parar al mar.

NANOPLÁSTICOS

desde 5 milímetros hasta 1 micrómetro* ◄► **restos de menos de 1 micrómetro**

 ácaros

 bacterias

 virus

 ADN

*1 micrómetro (µm) equivale a 0,001 milímetros

¿QUIÉN GENERA LOS RESIDUOS?

Una persona de un país rico produce más basura que una de un país pobre. Aun así, los países más pobres generan más residuos, porque tienen peores sistemas de gestión. Por otro lado, los países más poblados generan más residuos que los menos poblados.

La basura no conoce fronteras, las corrientes marinas la arrastran y reparten por todo el globo terrestre.

Los pescadores de todo el mundo encuentran plástico en sus redes. Los desechos del sur de Europa son arrastrados por las corrientes hacia el norte y acaban en las costas de Noruega. Los microplásticos contaminan el planeta de polo a polo; se encuentran en mar abierto, en los islotes de hielo a la deriva, en las playas y los fondos marinos más remotos. En el Antártico se han descubierto restos de plástico entre el lodo a cinco mil metros de profundidad.

Cada año que pasa fabricamos más cantidad de plástico. Una parte cada vez más importante del mismo va a parar al mar y, dado que su descomposición es muy lenta, los océanos del mundo se van llenando de plástico. Hay cinco billones de fragmentos de plástico en el mar, y juntos pesan tanto como sesenta mil elefantes. Los científicos creen que hay aproximadamente cien millones de toneladas de basura flotando en el mar. Si seguimos tirando tanto plástico como hasta ahora, dentro de treinta años habrá más plástico que peces en los mares.

En el mar hay actualmente cinco billones de fragmentos de plástico.

La mitad de las especies de aves marinas son parientes del fulmar boreal y recogen su alimento en la superficie del mar. El albatros vive en el sur del ecuador. En las islas en las que suele anidar, a más de dos mil kilómetros del próximo núcleo habitado, a menudo se ve obligado a poner su único huevo entre encendedores, envases de detergente, cepillos del pelo, restos de redes y cajas para pescado que la corriente ha arrastrado a tierra.

Nueve de cada diez fulmares boreales tienen restos de plástico en el estómago. Estos restos se parecen a la comida que ingieren habitualmente. En el caso de las aves basta con una cantidad minúscula de 0,1 gramos para enfermar. Para una persona, esto equivaldría a ir por el mundo con diez gramos de plástico en el estómago, lo que pesa una caja de cerillas.

Contenido encontrado en el estómago de un albatros muerto.

El plástico flotante se parece a la comida que ingiere el fulmar boreal.

19

Los fulmares boreales se hartan de comer, pero pasan hambre porque lo que ingieren no contiene nutrientes. Les lleva entre dos y tres meses defecar el plástico, y una parte se queda en su organismo. Los plásticos les provocan heridas en su interior y los hacen enfermar.

La mayoría de los fulmares boreales del Ártico tienen menos de 0,1 gramos de plástico en el estómago. Pero en el mar del Norte, a lo largo de la costa de Noruega y, más al sur, en el estrecho de Skagerrak, están en la lista de las especies en peligro de extinción. Eso es debido a que en esta región viven más personas que generan residuos, y la mayoría de los fulmares boreales lleva en su interior más de 0,1 gramos de plástico. Por eso, cada vez cuesta más verlos cabalgar sobre las crestas de las olas y reunirse en torno a los barcos de pesca.

Trozos de plástico encontrados en un fulmar boreal en Svalbard.

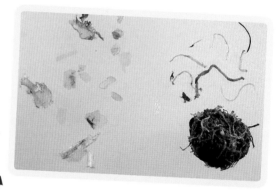

20

POR SUERTE, ESTA TORTUGA SE SALVÓ. SE LLAMA PEANUT Y SE ENCUENTRA MUY BIEN.

OTROS ANIMALES TAMBIÉN SUFREN

Más de un millón de aves marinas mueren cada año por ingerir plásticos o quedar atrapadas en restos de redes o sedales de pesca. Estos residuos afectan a ochocientas especies distintas de animales, ciento treinta de las cuales son aves marinas.

Las tortugas marinas a veces se tragan las bolsas de plástico pensando que son medusas o calamares, y se obstruyen con ellas la garganta o los intestinos. Las focas se quedan enredadas en cuerdas y sedales de pesca que les provocan profundas heridas en la piel. Unas cien mil focas mueren cada año por causa de estos plásticos.

24

Incluso las grandes ballenas se ven atrapadas en artes de pesca y grandes redes a la deriva. Un cachalote de trece metros de largo apareció muerto en 2013 en una playa de los Países Bajos. Cuando los investigadores abrieron su estómago para averiguar por qué había muerto, encontraron diecisiete kilos de cuerda, redes de pesca, bolsas y botellas de plástico que los ácidos del estómago no habían sido capaces de descomponer.

Una parte de esta basura se acumula en las playas. Y aunque a veces podamos descubrir algún tesoro, no resulta muy agradable caminar entre bidones de plástico, trozos de cuerda, redes rotas, botas de goma viejas y latas de refresco. Pero peor lo tienen los animales que van en busca de alimento y quedan atrapados en sedales de pesca y restos de redes de barcos arrastreros.

A este reno de Svalbard se le enredó la cornamenta en cinta de plástico.

¡Esta ballena fue liberada!

25

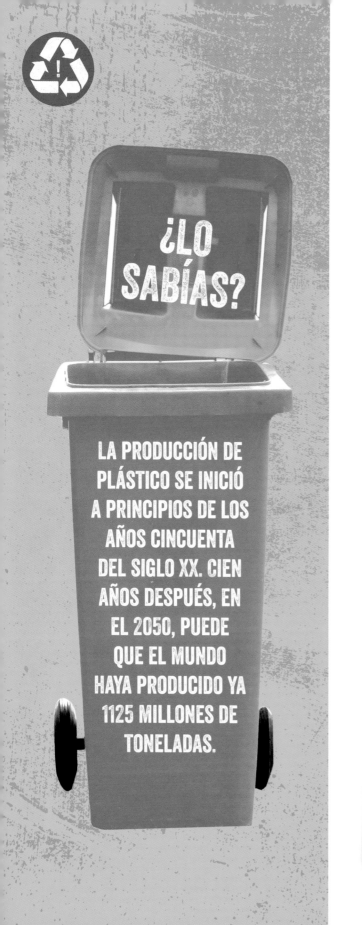

¿LO SABÍAS?

LA PRODUCCIÓN DE PLÁSTICO SE INICIÓ A PRINCIPIOS DE LOS AÑOS CINCUENTA DEL SIGLO XX. CIEN AÑOS DESPUÉS, EN EL 2050, PUEDE QUE EL MUNDO HAYA PRODUCIDO YA 1125 MILLONES DE TONELADAS.

Vivimos en la era del plástico y su uso es cada vez más generalizado. El plástico es un material muy útil y práctico en el día a día. El nombre procede del griego *plastikos* y quiere decir «moldeable». El plástico puede colorearse y adaptar diferentes formas para crear un sinfín de objetos distintos: ordenadores, equipamiento deportivo, zapatos, teléfonos, cubiertos, ropa, envases para alimentos, juguetes, utensilios de cocina, cajas de poliestireno para el pescado, botellas, tazas y vasos. Hay plásticos duros y plásticos blandos. Algunos flotan en el agua y otros no.

Piezas de Lego en la playa

Se tiran al mar enormes montañas de deshechos, y la mayoría son residuos plásticos. Buena parte va a parar al fondo del mar, donde se pega a plantas y rocas, o queda atrapado en barrancos y taludes a gran profundidad. En las profundidades marinas hay menos luz, hace más frío y hay menos oxígeno que en la superficie, y la descomposición es más lenta.

En 1977, durante una tormenta en la costa de Cornwall, en Inglaterra, un contenedor con unos cinco millones de piezas de Lego cayó por la borda de un carguero. Hoy en día, la corriente sigue depositando sobre la arena dragones, espadas y pulpos negros de Lego. Los niños y niñas de Inglaterra recorren las playas de Cornwall en busca de estos juguetes. Las corrientes marinas llevan estas piezas de Lego cada vez más al norte. A pesar de todos los años de tormentas, de sol, de olas y del azote del agua salada, estos juguetes de plástico siguen como nuevos. El plástico duro necesita más tiempo para degradarse que el plástico blando.

Un neumático en el fondo del mar

27

En medio del océano Pacífico, entre Japón y EE. UU., hay un enorme vertedero flotando a la deriva. Es tres veces más grande que España y Portugal juntos, y es conocido como «la gran mancha de basura del Pacífico». La rotación de la Tierra, los vientos constantes y las corrientes hacen confluir en un lugar botellas de plástico, tapones, encendedores, cepillos de dientes, redes de pesca, balones de fútbol, barcos, canoas, sandalias, globos, tubos, neumáticos, fragmentos de poliestireno, cepillos del pelo, chaquetas térmicas, pajitas, lonas y cubiertos desechables. Esta pila de basura alcanza en algunos puntos los diez metros de grosor. Poco a poco, los fenómenos meteorológicos van descomponiendo estos residuos en partículas minúsculas que forman una sopa química justo debajo de la superficie del agua. En las profundidades del océano Pacífico hay, probablemente, la misma cantidad de basura.

Una parte importante de la mancha del Pacífico procede de un terremoto que se produjo cerca de Japón. Este provocó una ola gigante, un *tsunami*, que llegó a tierra y arrasó casas, barcos, fábricas y coches y lo arrastró todo hasta el mar. Estos restos aún continúan hoy en día flotando a la deriva.

Residuos plásticos vistos desde la ventanilla de un avión

En el mundo hay otras cuatro manchas de basura similares. Cerca de Cuba se ha formado una isla gigantesca de basura, y entre Australia y América del Sur hay otra. En las aguas que separan África de Australia flota otro vertedero, y entre África y América del Sur también se ha localizado otra más. Dentro de veinte o treinta años, si la cantidad de residuos que generamos sigue aumentando, puede formarse una mancha de basura en el mar de Barents, al este de Svalbard. En esta región cada año se alimentan quince millones de aves marinas, una de cada cuatro aves marinas de Europa.

Es aquí donde las aves se paran a engordar antes de tomar rumbo a las costas del Ártico para poner los huevos y empollarlos. Hoy en día, uno de cada cinco cangrejos reales y de nieve que habitan en el fondo del mar de Barents tiene restos de plástico en el estómago. Incluso los mejillones ingieren microplásticos.

Los cangrejos reales también ingieren plásticos.

¿LO SABÍAS?

¡EL PLÁSTICO CONTIENE SUBSTANCIAS CONTAMINANTES COMO LOS PCB, HAPS, PESTICIDAS, FTALATOS, RETARDANTES DE LLAMA BROMADOS Y BISFENOL A!

El plástico atrae substancias tóxicas que ya se encuentran en el mar y que acaban adhiriéndose a él. Así que cuando se degrada, los tóxicos que libera se multiplican. Esto no es nada bueno, puesto que los PCB, los HAPs, los pesticidas, los ftalatos, los retardantes de llama bromados y el bisfenol A son absorbidos por pequeños crustáceos como los copépodos o el krill, por los huevos y las larvas o también por el plancton marino.

El plancton es el alimento básico de muchas especies de peces. En primavera, cuando el plancton se reproduce, el Ártico se convierte en un banquete. Los peces comen y engordan y, a su vez, ellos sirven de alimento para las focas, el fulmar boreal y otras aves marinas. Las substancias tóxicas que ingieren se acumulan en el hígado y la grasa corporal de las aves. Cuando llega la dura labor de poner los huevos e incubarlos, el hígado se colapsa y el veneno pasa a la sangre. La madre enferma y tiene cada vez más dificultades para volar y encontrar alimento suficiente para su cría. Tampoco para las personas es bueno comer pescado contaminado con estas substancias tóxicas.

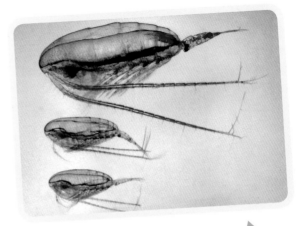

El plancton es el alimento básico de muchas especies de peces.

Pero no todos los microplásticos proceden de los residuos que tiramos al mar. La mitad de las miles de toneladas de microplásticos que se producen en tierra acaba en el mar. Los neumáticos de los vehículos que circulan por las carreteras desprenden millones de diminutas partículas de goma que se quedan en las carreteras y se dispersan. El agua del deshielo y de la lluvia arrastra estos contaminantes hasta riachuelos y lagos, y una parte llegará hasta el mar.

En algunos dentífricos se añaden bolitas de plástico para que nuestros dientes queden más blancos. Un tubo de pasta de dientes puede contener millones de microesferas de plástico.

¿LO SABÍAS?

EL PLÁSTICO SE FABRICA CON PETRÓLEO.

Algunos productos de limpieza, geles de ducha, espumas de afeitar y cremas exfoliantes también contienen microesferas de plástico. Cuando escupimos la espuma del dentífrico o aclaramos la ropa, las microesferas, que son demasiado pequeñas para ser filtradas por las depuradoras, se cuelan por el desagüe y desaparecen por las tuberías, acabando su recorrido en el mar.

Los microplásticos de las pinturas y otros productos para el mantenimiento de casas y embarcaciones también acaban en el mar. Lo mismo ocurre con las fibras de plástico de muchas chaquetas térmicas y otras prendas sintéticas cuando las lavamos.

Aunque los océanos del mundo son enormes, no lo son tanto como para absorber tantos residuos.

Una parte de los microplástico procede de la pintura.

MICROPLÁSTICOS GENERADOS EN TIERRA EN NORUEGA EN UN AÑO

GESTIÓN DE DESECHOS
100 TONELADAS

POLVO DE EDIFICIOS E INDUSTRIAS
65 TONELADAS

PINTURAS Y MANTENIMIENTO DE NAVES Y EMBARCACIONES DE RECREO
650 TONELADAS

NEUMÁTICOS
2250 TONELADAS

PRODUCCIÓN DE PLÁSTICOS
400 TONELADAS

COSMÉTICOS
4 TONELADAS

MICROPLÁSTICOS AÑADIDOS A OTROS PRODUCTOS
50 TONELADAS

PINTURA Y MANTENIMIENTO DE EDIFICIOS, CONSTRUCCIONES Y CARRETERAS
310 TONELADAS

LIMPIEZA DE TEXTILES
110 TONELADAS

VERTIDO ILEGAL DE PINTURAS
90 TONELADAS

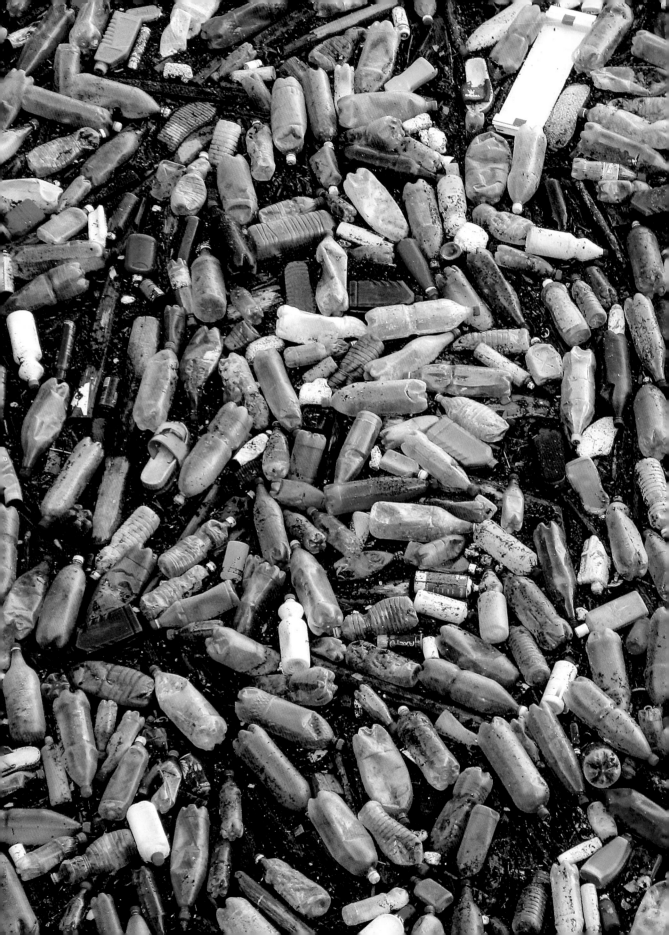

¿QUÉ PODEMOS HACER?

¿Cómo podemos deshacernos de los residuos plásticos? ¿Qué diría el fulmar boreal si pudiera opinar? ¿Debemos dejar de utilizar plásticos? El plástico es útil, pero seguro que podemos reducir su uso y reciclar más. Todos tenemos una parte de responsabilidad de los plásticos que van a parar al mar y podemos contribuir a mejorar la situación allá donde vivamos. Peques y adultos pueden hablar de cómo generar menos residuos plásticos, y recordar que se han de depositar en el contenedor apropiado. A través de las redes sociales podemos informar a todo el mundo de los cosméticos que contienen microplásticos. Y también podemos recoger la basura que encontremos dando un paseo, aunque no seamos nosotros quienes la hayamos tirado.

Lo más importante es no tirar plástico en espacios naturales o en el mar, en la carretera, en el patio del colegio, en la calle o en el retrete. El papel de las chocolatinas, las bolsas de las chucherías, las botellas de refresco y las bolsas de las cacas de los perros deben ir al contenedor de basura adecuado. Las colillas y los bastoncillos para las orejas que tiramos al retrete se cuelan por las depuradoras y acaban en el mar. En una playa de Escocia se recogieron en un solo día más de diez mil bastoncillos. Al retrete solo debe ir la caca, el pipi y el papel higiénico.

Las playas con más corrientes acumulan más basura. Pequeños y adultos pueden participar cada mes de septiembre en el Día Internacional de Limpieza de las Playas. Además, también podemos organizar nuestros propios días de limpieza. Los residuos plásticos que no se recogen vuelven a ser arrastrados por las olas hasta el agua. Cuantos más días de limpieza se organicen, menos residuos encontraremos en el mar.

20 867 UNIDADES

RESTOS DE CUERDAS, CABLES DE PLÁSTICO Y REDES DE PESCA MÁS DE 50 CM

20 571 UNIDADES

RESTOS DE PLÁSTICO DURO DE MÁS DE 50 CM

100 METROS

RESIDUOS PLÁSTICOS RECOGIDOS EN UNA PLAYA DE TROMSØ ENTRE 2010 Y 2014

8 077 UNIDADES

TAPONES Y TAPAS DE PLÁSTICO

3 329 UNIDADES

RESTOS DE CUERDAS, CABLES DE PLÁSTICO Y REDES DE MENOS DE 50 CM

10 000 UNIDADES

CARTUCHOS DE CAZA, SEDALES, CINTAS, BOLSAS, BOTELLAS Y VASOS DE PLÁSTICO, ENVASES DE LIMPIEZA, BASTONCILLOS PARA LAS OREJAS, ENCENDEDORES, EMBALAJES DE JUGUETES, ETC.

MÁS DE 60.000 RESIDUOS

Recoger la basura de los espacios naturales y separar la basura doméstica para su adecuado reciclaje ayuda a evitar que el plástico llegue al mar. Los ayuntamientos pueden implicarse impulsando medidas de reciclaje. En vez de enterrar o quemar el plástico, lo que genera nuevas substancias contaminantes y libera dióxido de carbono al medio ambiente, este se puede triturar y reutilizar. En la actualidad, solo se reutiliza el 14% del plástico de todo el mundo. Nadie sabe adónde va a parar el resto. Estamos desperdiciando un recurso importante que podríamos utilizar para fabricar nuevos objetos de utilidad y generar energía.

Podemos acordarnos del fulmar boreal cuando compremos manzanas y uvas. No es necesario que nos den empaquetado todo lo que compramos. La comida fresca no necesita ir envuelta en plástico, y para la compra podemos usar una bolsa de tela reutilizable. En Bangladesh, Ruanda y China están prohibidas las bolsas de plástico, y también en la Unión Europea se avanza ya hacia la prohibición de los materiales plásticos de un solo uso.

También tenemos la opción de escoger cosméticos y dentífricos producidos sin microesferas de plástico. Si utilizamos el transporte público, disminuirán los microplásticos generados por los neumáticos de nuestros coches en las carreteras y, de paso, las emisiones de dióxido de carbono, uno de los responsables del calentamiento global de la Tierra.

No es necesario utilizar envoltorios para todo lo que compramos.

Muchos barcos tiran sus desechos, como redes de pesca viejas, por la borda. En estas «redes fantasma» suelen quedar atrapados muchos animales marinos. Para evitarlo, algunos países como Holanda o Italia pagan a los pescadores por la entrega para su reciclaje de los útiles de pesca inservibles.

En algunos países los pescadores recogen la basura enganchada en las redes y la llevan a puerto, donde les pagan por el plástico recogido.

Delfín atrapado en una red fantasma

43

REDES FANTASMA

BOYAN SLAT

En los Países Bajos, un chico de diecinueve años se planteó el problema de la contaminación de plásticos en el mar. Boyan Slat inventó una instalación flotante gigantesca que recoge y almacena el plástico para su posterior reciclado. Si su invento tuviera éxito, se podría eliminar la mitad de la mancha del océano Pacífico en diez años, es decir, cerca de dieciséis millones de toneladas de basura. También hay ingenieros investigando si es posible fabricar barcos que puedan recoger la basura acumulada en las cinco manchas de residuos que hay en el océano. Y en Japón están probando una aspiradora gigante para sacar los desechos acumulados en el fondo del mar de las costas de algunas grandes ciudades. A partir de ciertas profundidades tal vez sea necesario cubrir las pilas de residuos con arena.

Los gobiernos de todo el mundo tienen una gran responsabilidad. Deberían implementar sistemas para recoger y reciclar la basura, invertir en investigación, apoyar los avances tecnológicos que sirvan para reducir el consumo de plástico y poner en marcha leyes que prohíban utilizar el mar y la naturaleza como vertederos. El mar no tiene fronteras, no es propiedad de nadie. Por eso los gobernantes de todo el mundo deben colaborar en la protección de los grandes océanos y los seres vivos que los habitan.

Boyan Slat, con solo 19 años, inventó una instalación para la gestión de los residuos plásticos.

« EL PROBLEMA DE LOS RESIDUOS MARINOS EN EL MUNDO ES UNO DE LOS MAYORES RETOS MEDIOAMBIENTALES A LOS QUE SE ENFRENTA HOY LA HUMANIDAD. »
BOYAN SLAT

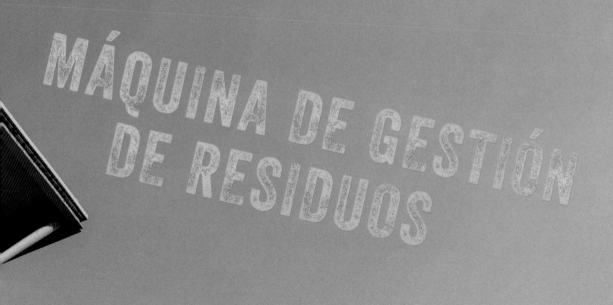

MÁQUINA DE GESTIÓN DE RESIDUOS

El viejo fulmar boreal busca comida en la zona de Svalbard, junto a otro millón de aves. Con las alas desplegadas planea sobre una playa y observa que algo está pasando allí abajo. Hay gente caminando y recogiendo la basura. Estamos en el mes de mayo y en Noruega es el Día de Limpieza de las Playas. Grandes y pequeños se reúnen para retirar la basura acumulada en el litoral.

Ese día se recogen toneladas de plástico. Ya es primavera, y el fulmar boreal solo vuela cerca de la costa para observar el lugar en el que solía anidar. Pero no le acompaña ya su pareja y ahora es demasiado viejo para encontrar otra. A pesar de todo, vuelve a sobrevolar el sitio para echar un vistazo al nido en el acantilado en el que nacieron todas sus crías.

Una pareja de fulmares boreales más jóvenes se ha instalado en la repisa de la pared y grita con gran estruendo para dejar claro que ahora este lugar es suyo. Lo defenderán con el pico y las alas, cueste lo que cueste. ¿Podría ser que uno de los dos fuese descendiente del viejo fulmar boreal y que haya vuelto al repecho donde nació para tener sus propias crías?

Sin esfuerzo alguno, el viejo fulmar boreal cambia de rumbo y vuela de vuelta al mar. Planea haciendo acrobacias entre las crestas de las olas y atrapa al vuelo una delicia. Afortunadamente, esta vez es un pececillo bien gordito, y no un trozo de plástico, lo que acaba en su estómago.

¡RECUERDA!

¡CUIDA DEL OCÉANO!
JUNTOS PODEMOS:
- COLABORAR EN EL DÍA DE LIMPIEZA DE LAS PLAYAS.
- USAR MENOS PLÁSTICO.
- SEPARAR Y RECICLAR LOS PLÁSTICOS Y OTROS RESIDUOS.
- RECOGER LA BASURA QUE OTROS HAN TIRADO.
- CONTAR A LOS DEMÁS LO QUE SABEMOS SOBRE EL PELIGRO DE LOS PLÁSTICOS EN EL MAR.

DIA DE LIMPIEZA DE LAS PLAYAS

Kirsti Blom es autora de obras de ficción y no ficción, y es una prestigiosa conferenciante. Entre otras cosas ha escrito, en colaboración con diversos investigadores, una serie de no ficción para niños y jóvenes sobre la vida, el clima y la fauna en los círculos polares.

Geir Wing Gabrielsen es investigador, biólogo y director del Departamento de Contaminación Medioambiental del Instituto Polar Noruego de Tromsø, que se encarga del estudio y vigilancia de los océanos Ártico y Antártico. Wing Gabrielsen representa también a Noruega en el Programa de las Naciones Unidas para el Medio Ambiente, en el área de residuos marinos, su especialidad.

Título original: Søppelplasten i havet
Texto: Kirsti Blom y Geir Wing Gabrielsen
Traducción del noruego: Lotte Katrine Tollefsen
Primera edición en castellano: octubre de 2018
© 2016 Cappelen Damm AS
© 2018, de la presente edición, Takatuka SL
ISBN: 978-84-17383-17-6
Depósito legal: B. 22051-2018

Imágenes:
Pp. 14-15, 17, 18, 21, 22-23, 26, 27, 28-29, 31, 33, 34, 36-37,
38, 42, 44-45: Shutterstock. P. 43: Delfín: Getty Images/
Stockbyte. P. 47: iStockphoto/luoman; ¿Lo sabías?:
Shutterstock/Paisan Changhirun. P. 6: Espen Bergersen. P.
7: Susanne Kühn. P. 8: Georg Bangjord. P. 9: Fulmar boreal
con huevo: Hallvard Strøm; Dos fulmares boleares: Odd
Kindberg. P. 10: Fulmar boreal con polluelo: Odd Harald
Selboskar; Fulmar boreal con polluelo de más edad: Torgny
Vinje. P. 11: Sebastien Descamps. P. 12: las dos fotos de Jan
van Franeker – IMARES. P. 19: Pájaro muerto: Chris Jordan;
Fulmar boreal comiendo plástico: Susanne Kühn. P. 20:
Alcatraz con polluelos: Bo Eide; Restos de plástico: Alice
Trevail; Pájaro muerto: Craig Nash. P. 24: Tortuga: Missouri
Department of Conservation; Foca: Ewan Edwards. P. 25:
Tortuga marina comiendo plástico: Troy Mayne; Reno:
Espen Stokke, Oficina del gobernador de Svalbard; Ballena:
D.K. Coughran, DPAW Western Australia. P. 27: Lego: Alice
Trevail. P. 30: Restos del tsunami: Alexander Todd/U.S. Navy/
Reuters/NTB Scanpix; Restos del tsunami vistos desde la
ventana de un avión: Steve White/U.S.Navy/Reuters/NTB
Scanpix. P. 31: Aves marinas buscando comida: Geir Wing
Gabrielsen. P. 32: Plancton: Ida Beathe Øverjordet y Dag
Altin. P. 39: ©SALT. P 43: Plásticos en redes de pesca: Pedro
Armestre; Silla en el fondo del mar: Mélanie Chamorel. P. 46:
Jeon Heon-Kyun/EPA/NTB Scanpix. P. 48-49: Limpieza del
océano: Theoceancleanup/Whitehotpix/Zumapress/NTB
Scanpix. Pp. 50-51: Espen Bergersen. P. 52: Stein Ø. Nilsen. P.
53: Sebastien Descamps. P. 54: Hallvard Strøm. P. 55: Espen
Bergersen. P. 56: Bo Eide. Pp. 58-59: Kirsti Blom. Fotos de los
autores: Johanna Blom e Ingrid Gabrielsen.

Kirsti Blom recibió una ayuda del Fondo de Literatura
Especializada de Noruega mientras escribía este libro.

El Norwegian Polar Institute, el Fram Centre y el Svalbard
Environmental Protection Fund han dado su apoyo a esta
publicación.

Diseño: Johanna Blom
Foto de cubierta: Espen Bergersen y Shutterstock
Mapas e ilustraciones: Torill Gaarder
Maquetación: Volta Disseny
Impreso en Novoprint, Barcelona

Esta traducción se ha publicado con el apoyo
financiero de NORLA.

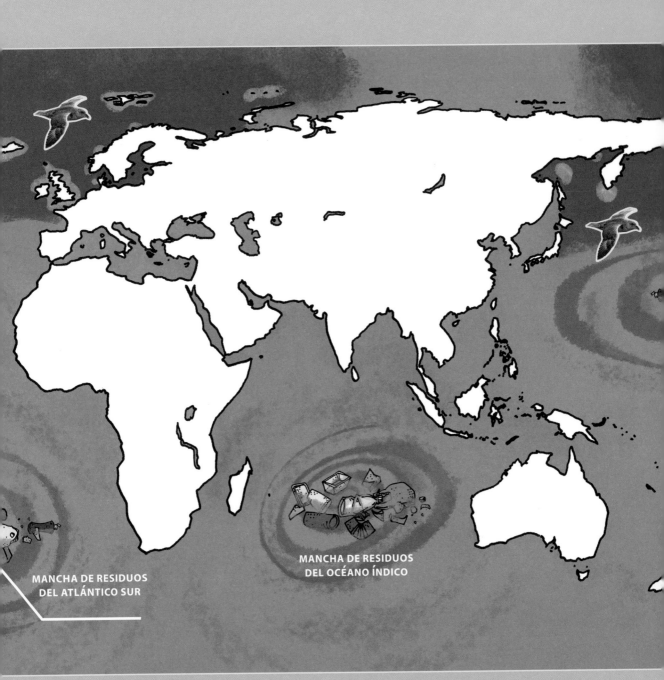

ZONAS DE ALIMENTACIÓN
DEL FULMAR BOREAL

ZONAS DE CRÍA
DEL FULMAR BOREAL

MANCHA DE RESIDUOS
DEL ATLÁNTICO SUR

MANCHA DE RESIDUOS
DEL OCÉANO ÍNDICO